Bernard Lienhardt / Michael Sommer

Sophie!

Eine Begegnung mit der jungen Sophie Scholl

Singspiel
1–2-stimmiger Kinder- und Jugendchor
Männerstimme ad libitum, Sprechrollen

Flöte, Klarinette / Alt-Saxofon
2 Violinen, Violoncello, Kontrabass, Klavier

Kompositionsauftrag der Landesakademie
für die musizierende Jugend in Baden-Württemberg, Ochsenhausen,
zum 100. Geburtstag von Sophie Scholl im Jahr 2021

LANDESAKADEMIE
für die musizierende Jugend in Baden-Württemberg
OCHSENHAUSEN

Klavierauszug

Carus 12.452/03

Inhalt

Vorwort 3

Inhalt und Besetzung 3

1. Ouvertüre 4
2. Morgengrauen 6
3. Weggenommen (Szene) 9
4. Dazugehören 10
5. Crash (Szene) 12
6. Verkehrshindernis 12
7. Kinderzimmer (Szene) 15
8. Familie I 16
9. Mittagessen (Szene) 19
10. Familie II 20
11. Im Dienst (Szene + Lied „I hab a schön's Häusle) . . 22
12. Junge Herzen I 23
13. Am Lagerfeuer (Szene) 24
14. Junge Herzen II 24
15. Showdown (Szene) 26
16. Traue ihnen nicht 28
17. Heimkehr (Szene) 30
18. Mutig sein (Finale) 31

LANDESAKADEMIE OCHSENHAUSEN

Veröffentlichungen der Landesakademie für die musizierende Jugend in Baden-Württemberg, hrsg. von Klaus K. Weigele
Reihe 2: Vokalmusik
Band 26/2: Bernard Lienhardt / Michael Sommer: *Sophie! Eine Begegnung mit der jungen Sophie Scholl* (Klavierauszug)
Kompositionsauftrag der Landesakademie für die musizierende Jugend in Baden-Württemberg, Ochsenhausen,
zum 100. Geburtstag von Sophie Scholl im Jahr 2021

Cover: © Carus-Verlag, Stuttgart

Zu diesem Singspiel ist folgendes Aufführungsmaterial erhältlich:
Partitur (Carus 12.452), Klavierauszug (Carus 12.452/03),
Chorpartitur (Carus 12.452/05), Orchestermaterial leihweise
(Carus 12.452/19), Fassung für Klavier zu vier Händen (Carus 12.452/50), Stimme Klavier zu vier Händen (Carus 12.452/98),
Playback-CD (Carus 12.452/96, i.V.), Audio-CD (12.452/99, i.V.)

Öffentliche Aufführungen dieses dramatisch-musikalischen Werkes sind gebührenpflichtig und unterliegen dem „Großen Recht", das vom Verlag wahrgenommen wird. Vor der Aufführung ist eine Genehmigung vom Verlag einzuholen. Eine Anmeldung bei der GEMA ist nicht notwendig.
Carus-Verlag, Sielminger Straße 51
70771 Leinfelden-Echterdingen
Mail: grossesrecht@carus-verlag.com

Vorwort

Mit der Uraufführung des Singspiels „Sophie!" ist ein wunderbares Musikstück aus der Taufe gehoben worden, welches bei den Kindern noch Monate nach der Uraufführung nachgeklungen ist. Dies liegt an der zauberhaften Musik von Bernard Lienhardt und dem tiefgründigen und zugleich jugendgerechten Libretto aus der Hand von Michael Sommer.

Es ist immer ein großes Wagnis, neue Werke mit Kindern und Jugendlichen auszuprobieren und zur Uraufführung zu bringen. Jugendliche und Kinder lieben es, Bekanntes, Bewährtes oder den einen oder anderen Ohrwurm zu singen, ein bekanntes Sujet oder beliebte Kinderliteratur nachzuspielen und aufzuführen. Auf alle diese Erfolgsfaktoren konnten wir bei dieser Produktion nicht zurückgreifen, und dennoch wurde die Uraufführung im Rahmen der Ochsenhauser Kindersingwoche Ox-Ki-Si am 08.09.2018 unter der Regie von Corinna Palm im Bräuhaussaal der Landesakademie Ochsenhausen unter der Beteiligung von 65 Kindern und Jugendlichen ein großer Erfolg. Durch die eingängigen Texte des Librettos und die einfühlsame Musik gelang es mühelos, eine starke Identifikation mit der Handlung und den darin agierenden Personen zu erreichen. Es war etwas ganz Besonderes dabei mitzuerleben, wie Gefühle und Gedanken heutiger Kinder und Jugendlicher auf historische Figuren wie Hans und Sophie Scholl zu übertragen sind. Darüber hinaus entstand während der gemeinsamen Erarbeitungsphase ein Prozess, in dem sich die Kinder und Jugendlichen auf den Weg machten, universal gültige Werte zu suchen und diese, egal in welcher Zeit auch immer, zu leben. So gelang mit dem Stück „Sophie!" die Transformation eines historischen Stoffes in die Jetztzeit.

Das Stück wurde von der Landesakademie für die musizierende Jugend in Baden-Württemberg zum Gedenken an den 100. Geburtstag von Sophie Scholl im Jahr 2021 in Auftrag gegeben. Wir wünschen vielen Kindern und Jugendlichen diese positive Erfahrung, die unsere Teilnehmerinnen und Teilnehmer bei der Uraufführung machen konnten. Die eingängige, aber nie banale Musik von Bernard Lienhardt und die in wunderbarer Weise vielschichtigen Gefühle des im Libretto von Michael Sommer jugendgerecht dargelegte Handlung ermöglichen diese Umsetzung. Wir möchten Sie ermutigen, dieses Stück zur Aufführung zu bringen. Es wird ein besonderes Erlebnis für alle Kinder und Jugendlichen und vor allem für die an der Einstudierung beteiligten Lehrkräfte und Chorleiter*innen sein.

Ochsenhausen, Mai 2020
Klaus K. Weigele und Barbara Comes

Inhalt und Besetzung

Lea ist vierzehn, lebt in Ulm und ist ein bisschen handysüchtig. Sie hat Krach mit ihrer Mutter und stößt auf dem Schulweg mit einem anderen Mädchen zusammen, Sophie. Diese nimmt sie mit zu sich nach Hause. Erst nach und nach bemerkt Lea, dass sie sich durch den Sturz im Ulm des Jahres 1935 befindet und damit mitten in einer anderen Realität. Sie begleitet Sophie zu einem Abend der „Jungmädels" ans Lagerfeuer und lernt bei der Gelegenheit auch deren Bruder Hans kennen. Unterschiedliche Meinungen stoßen aufeinander, nicht nur in der Familie, sondern auch unter den Jugendlichen, aber Lea und Sophie merken, dass ihnen Freundschaft und Zusammenhalt, Einzigartigkeit, nicht Norm, wichtig sind. Als Lea wieder zurück im Heute ist, hält sie eine weiße Rose in der Hand und erkennt, wen sie gerade getroffen hat: Sophie und Hans Scholl.

Vokalbesetzung:
– Zweistimmiger Kinder- und Jugendchor (ab ca. 10 Jahre)
– ad lib.: Männerstimme (für Stimmwechsler geeignet)

Sprechrollen (*historische Personen):
– Lea Stern: 14 Jahre alt, ein Mädchen der heutigen Zeit
– *Sophie Scholl (1921–1943): 14 Jahre alt
– *Hans Scholl (1918–1943): ihr Bruder, fast 17 Jahre alt
– *Inge Scholl (1917–1998): ihre Schwester, 18 Jahre alt
– *Robert Scholl (1891–1973): ihr Vater
– *Magdalena Scholl (1881–1958): ihre Mutter
– Rosi: eine von den „Jungmädels"
– Weitere „Jungmädels"
– 2 Passanten der heutigen Zeit

Instrumentalbesetzung:
– Fassung für Ensemble: Flöte, Klarinette in B oder Alt-Saxofon in Es, 2 Violinen, Violoncello, Kontrabass, Klavier
– Fassung für Klavier zu vier Händen

Sophie!
Eine Begegnung mit der jungen Sophie Scholl

Musik: Bernard Lienhardt (*1951)
Text: Michael Sommer (*1976)

Menschen im Ulmer Nebel. Vielleicht die Silhouette des Münsters im Hintergrund. Auf jeden Fall aber die Melancholie eines feuchtkalten Herbsttages an der schwäbischen Donau. Denn wenn die Donau eines gut kann, dann ist es Nebel produzieren. Die Menschen verbarrikadieren sich hinter Schals und unter Mützen gegen die weißen Nebelfinger und ebenso gegen ihre Mitmenschen. Keiner schaut den andern an, berührt den andern oder spricht mit dem andern. Sie sind schnell unterwegs, keiner will länger als unbedingt nötig in dieser milchigen Suppe herumrudern. Vielleicht bleiben sie bei bestimmten musikalischen Akzenten alle plötzlich stehen, greifen in die Tasche, holen ihr Handy heraus und starren gedankenverloren und reglos darauf. Dann geht es aber auch schon synchron weiter mit dem Alltagsgerenne.

Lea tritt auf. Sie ist auf dem Weg zur Schule, hat es ebenso wie alle anderen Passanten sehr eilig, denn es ist Montagmorgen kurz vor acht. Sie ist vierzehn Jahre alt und ihre Mutter findet, sie ist ein bisschen handysüchtig. Lea findet, ihre Mutter ist einfach doof, denn wie soll sie ohne Handy mit ihren Freundinnen kommunizieren? Am Wochenende ist der Streit eskaliert, die Mutter hat ihr das Smartphone weggenommen und gerade eben erst zurückgegeben. Lea versucht dringend, ihre Freundin Rosi zu erreichen, denn in der Schule muss sie das Handy wieder ausschalten. Ihre Anspannung hören wir vielleicht in der Musik, die irgendwann in Leas Ausruf mündet:

LEA: Geh ran. Geh ran. Geh ran. (*Ouvertüre* T. 59–60)

1. Ouvertüre

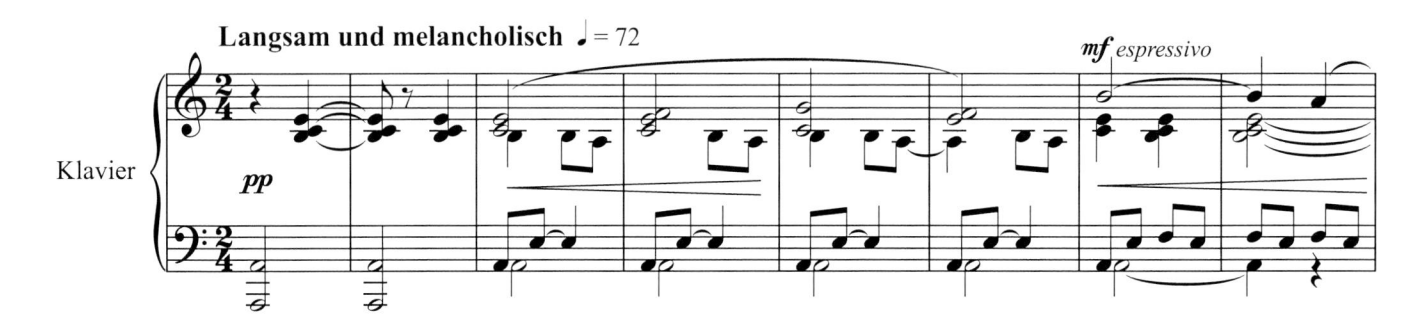

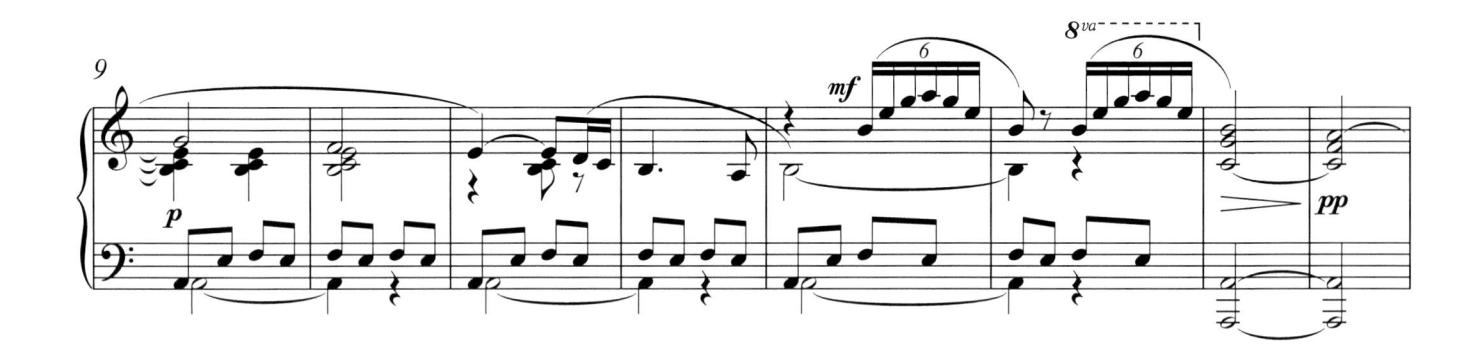

Aufführungsdauer: ca. 45 min.
© 2020 by Carus-Verlag, Stuttgart – CV 12.452/03
Vervielfältigungen jeglicher Art sind gesetzlich verboten. / Any unauthorized reproduction is prohibited by law.
Alle Rechte vorbehalten / All rights reserved / Printed in Germany / www.carus-verlag.com

[Lea tritt auf]

[LEA: Geh ran. Geh ran. Geh ran.]

2. Morgengrauen

Graue Schlieren, zähe Blicke, allgemeine Hast. Alle stolpern wie durch Träume, die man gründlich hasst. Volle Züge, leere Herzen, abgestandne Luft. Alle warten, dass ein Wunder sie aus diesem nebelfiesen Montagmorgengrauen

S+A *gesprochen:* Und so, und so klammert jeder Montagssklave sich an seinem Handy fest, weil es jedem Bösen, Braven immer noch die Hoffnung lässt, dass ein Ping, dass ein Vibrieren ihn aus diesem Fluch erlöst,

44
mf
wo er reg - los, ve - ge - tie - rend, le - bend tot im Ne - bel döst.
mf
wo er reg - los, ve - ge - tie - rend, le - bend tot im Ne - bel döst.
mf
50
Sopran
f
Mei - ne Bli - cke le - ben an - ders - wo. Wenn ich kli - cke,
Alt
f
Mei - ne Wor - te, le - ben an - ders - wo. Wenn ich wi - sche,
Männerstimme
f
Mei - ne Wor - te, le - ben an - ders - wo. Wenn ich wi - sche,
f
mf
mf
54
spü - re ich mich so. Wa - chend, träu - mend auf das Höchs - te star - re ich ge -
spü - re ich mich so. Wa - chend, träu - mend auf das Höchs - te star - re ich ge -
spü - re ich mich so. Wa - chend, träu - mend auf das Höchs - te star - re ich ge -
mf

3. Weggenommen (Szene)

Lea hat endlich Glück: Ihre Freundin nimmt das Gespräch an.

LEA: Rosi? Endlich – warum gehst du nicht ran? – Weil mir meine Mutter das ganze Wochenende mein Handy weggenommen hat. – Samstagabend. Und heute Morgen hat sie's mir wiedergegeben. Ich hab's gerade erst wieder eingeschaltet. – Weil sie ausgetickt ist, die spinnt einfach. Wahrscheinlich, weil mein Dad es mir geschenkt hat. Ich hab echt gedacht, die macht das kaputt oder so. – Ja, klar. Ich hab mich in mein Zimmer eingeschlossen und den ganzen Sonntag geheult. Ich war voll wie im Gefängnis. Ich konnte noch nicht mal rausgehen. – Weil's so geregnet hat. Ey, ich freu mich so drauf, heute Nachmittag mit dir shoppen zu gehen. – Wie jetzt? – Aber – Aber wieso kann ich da nicht mitkommen? – Aber ich kann doch nichts dafür, wenn – Ich bin ein Freak? – Ey, weißt du was – Ich hätt dir 'ne Eule schicken können oder Rauchzeichen, aber das hättest du eh nicht gesehen, weil du ja die ganze Zeit mit Lily oder Cindy oder Mandy schreiben musst. – Ja, ist doch so, tolle Freundin – dann setz dich doch woanders hin, es ist mir scheißegal.

Sie legt auf. Sie steht angewurzelt und der Chor singt ihre Gefühle.

4. Dazugehören

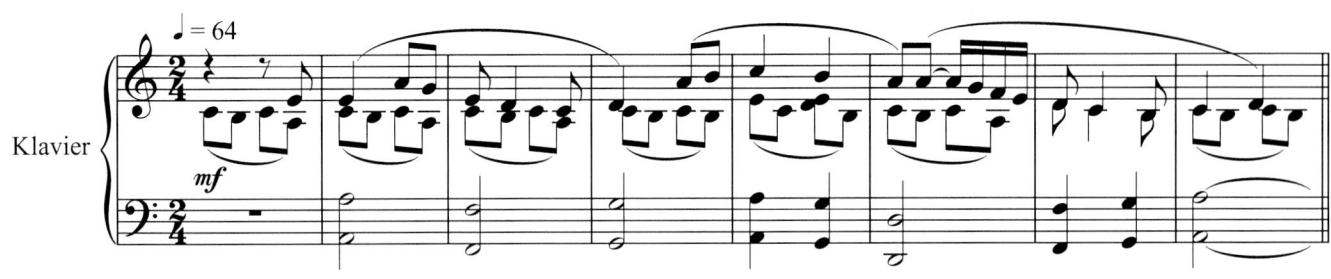

Strophen 1 und 3

Sopran: Wa-rum, wa-rum, wa-rum, wa-rum?

Alt (*mit melancholischem Ausdruck*):
1. Wa-rum sind die an-de-ren ver-bun-den? Wa-rum fällt es al-len an-dern leicht hin-zu-gehn, zu re-den ü-ber Stun-den, ü-ber Sor-gen, ü-ber al-les, was ans Herz mir reicht.
3. Wa-rum läuft mein Le-ben in Ex - tre-men? Wa-rum schwim-me ich in Ein-sam-keit? Kei-ner will mit mir was un-ter-neh-men, un-ter Ster-nen, un-ter Freun-den o-der auch zu zweit.

Männerstimme ad lib. (*mit melancholischem Ausdruck*):
1. Wa-rum sind die an-de-ren ver-bun-den? Wa-rum fällt es al-len an-dern leicht hin-zu-gehn, zu re-den ü-ber Stun-den, ü-ber Sor-gen, ü-ber al-les, was ans Herz mir reicht.
3. Wa-rum läuft mein Le-ben in Ex - tre-men? Wa-rum schwim-me ich in Ein-sam-keit? Kei-ner will mit mir was un-ter-neh-men, un-ter Ster-nen, un-ter Freun-den o-der auch zu zweit.

Fine

Zwischenspiel

Strophe 2

Sopran
2. Wa - rum, wa - rum, wa - rum, wa - rum?

Alt
2. Wa - rum bin ich im - mer ab - ge - schnit - ten? Wa - rum ha - ben al - le an - dern Glück? Da-

Männerstimme
2. Wa - rum bin ich im - mer ab - ge - schnit - ten? Wa - rum ha - ben al - le an - dern Glück? Da-

u___ u___ u___ u___

zu - ge - hö - ren, oh - ne drum zu bit - ten, zu den Freun - den, zum Nor - mal - sein, je - den Au - gen - blick.

zu - ge - hö - ren, oh - ne drum zu bit - ten, zu den Freun - den, zum Nor - mal - sein, je - den Au - gen - blick.

Da capo al Fine

5. Crash (Szene)

Lea reißt sich zusammen.

LEA: Okay, es hat ja keinen Zweck. *(Sie schaut auf die Uhr.)* Oh nein, ich komm zu spät zur Schule.

Sie sprintet los, schaut zur falschen Seite und rennt in Sophie hinein, die wie aus dem Nichts auftaucht. Sie stoßen mit den Köpfen zusammen.

SOPHIE und LEA: Aua!

Lea geht zu Boden. Ihr Handy fliegt ihr aus der Hand und schlittert übers Pflaster. Für einen Augenblick wird ihr schwarz vor Augen. Sophie kniet bei ihr. Der Chor ist auf die beiden Unfallgegner aufmerksam geworden. Im Verlauf der Szene nähert er sich immer mehr, bildet vielleicht sogar einen Halbkreis um die beiden, was Lea egal, aber Sophie sehr unangenehm ist.

SOPHIE: Geht's dir gut?

Sie versucht, Lea aufzuhelfen. Die funkelt sie nur böse an.

LEA: Sag mal, spinnst du?

SOPHIE: Es tut mir leid.

Sophie zuckt mit den Schultern und hebt Leas Handy auf. Das Display ist schwer gesprungen. Sophie hält es ihr hin.

SOPHIE: Dein Kästle ist kaputt.

LEA: Mein was – nein. Nein, das darf nicht wahr sein.

SOPHIE: Das ist direkt aufs Kopfsteinpflaster geknallt.

Lea ist den Tränen nahe.

LEA: Nein, nein, nein, bitte, bitte, bitte, geh an! Komm – komm – NEIN.

SOPHIE: Was isch?

LEA: Was isch, was isch, es geht nicht mehr an!

SOPHIE: Wie an?

LEA: Du hast mein Handy kaputt gemacht! Du blöde Kuh!

SOPHIE: Vorsicht, Mädle, du musst schon gucken, wo du hinläufst. Du hast mich auch ganz gut erwischt.

LEA: Weißt du, was das gekostet hat? Das war brandneu!

SOPHIE: Ja, und?

LEA: Es ist tot! Die finden mich sowieso schon alle komisch, jetzt bin ich – auch tot.

LEA: *(wedelt damit rum)* Handy! Hier! Kaputt! Bist du dumm, oder was?

SOPHIE: Gib mal her.

Lea geht zu Boden. Ihr Handy fliegt ihr aus der Hand und schlittert übers Pflaster. Für einen Augenblick wird ihr schwarz Lea gibt es ihr – es ist eh schon alles egal. Sophie schaut das Handy einmal gründlich an, dann wirft sie es über einen Gartenzaun ins nächste Blumenbeet. Lea hat bis jetzt auf dem Boden gesessen, jetzt springt sie auf und kriegt einen Schreikrampf. Sie ist drauf und dran, dem Handy nachzuspringen, aber Sophie packt sie an den Schultern, schüttelt sie, vielleicht gibt sie ihr sogar eine Ohrfeige. Daraufhin wird Lea ruhiger.

SOPHIE: Hey! Ich glaub, du hast einen ganz schönen Schlag an den Kopf gekriegt. – Wie heißt du?

LEA: Lea.

SOPHIE: Lea. Ich bin die Sophie. Und wo wolltest du hin?

LEA: Ich muss in die Schule. Ich komm zu spät.

Lea sieht sich um. Der Nebel hat sich verzogen, sie sieht, dass die Gebäude um sie herum merkwürdig altertümlich aussehen.

LEA: Wieso – das ist doch falsch – ich bin doch die Frauenstraße runter. –

SOPHIE: *(sie zeigt)* Ha ja, hier ist die Frauenstraße, da der Adolf-Hitler-Ring.

LEA: Was?

SOPHIE: Auf welche Schule gehst du?

LEA: Aufs Humboldt.

SOPHIE: Ha komm, das Humboldt ist nur für Jungen. Meine Brüder sind da.

LEA: Was? Blödsinn – ich – muss zur Schule!

Lea will einen Schritt machen, klappt aber fast zusammen. Sophie fängt sie auf.

SOPHIE: Na, na, na, mach mir keinen Abgang. Komm mit, Lea, ich nehm dich mit zu mir, wir wohnen gleich um die Ecke.

Sie gehen ab.

6. Verkehrshindernis

läuft und es läuft und es läuft und es läuft, das Zahnrad im Alltagsge-
weitergehn, weitergehn, weitergehn, weg, und träum nicht auf offener
rückt ist verrückt ist verrückt ist verrückt, pass auf und fall nicht aus dem

triebe. Wer quersteht und zögert und Unsinn anhäuft, der
Straße. Du störst hier die Leut ohne Sinn, ohne Zweck in
Rahmen. Wer faulenzt und spielt, sich nicht streckt, sich nicht bückt, ver-

erntet von uns keine Liebe. 2. Jetzt Keine
nicht mehr erträglichem Maße. 3. Ver-
liert schnell den Ruf und den Namen.

Zeit zum Aus-at-men und in sich Schau-en; beiß dich durch und schluck al-les, oh-ne zu kau-en.

7. Kinderzimmer (Szene)

Sophie und Lea schleichen auf Zehenspitzen herein, ihre Schuhe tragen sie in der Hand.

SOPHIE: *(flüstert)* Geht's dir a bissle besser?

LEA: *(normale Lautstärke, immer noch schlecht gelaunt)* Naja. Und wer –

SOPHIE: Pst!

Sie lauschen einen Moment, aber es ist alles ruhig. Lea flüstert:

LEA: Und wer von deiner Familie ist zu Hause?

SOPHIE: Mein Vater, meine Mutter und Inge, das ist meine älteste Schwester.

LEA: Müssen die nicht arbeiten?

SOPHIE: Papa hat sein Büro gleich hier – versteck dich.

Lea kriecht unters Bett, Sophie wirft sich aufs Bett, die Tür geht auf, der Vater schaut rein.

VATER: So. Sophiele, was ist los, keine Schule?

SOPHIE: Ich hab Kopfschmerzen.

VATER: So. Sind recht plötzlich gekommen, gell?

SOPHIE: Ich hab wirklich Kopfschmerzen.

VATER: Ich frag ja nur, ob sie plötzlich gekommen sind.

SOPHIE: Ja.

VATER: So. Dann kannst du heut Nachmittag auch nicht zum Dienst, gell?

SOPHIE: Vielleicht.

VATER: So. Vielleicht verschwinden sie auch wieder recht plötzlich.

SOPHIE: Papa!

VATER: Es ist ja gut. Ruh dich aus.

Er geht. Lea kommt unter dem Bett hervor.

LEA: Sag mal, können wir vielleicht deinen Vater fragen, ob eure Haftpflichtversicherung mein Handy bezahlt?

SOPHIE: Was?

LEA: Mein – sag mal, wo ist eigentlich mein Handy?

SOPHIE: Was meinst du denn eigentlich mit „Händi"?

LEA: Ey, es ist schlimm genug, dass du's kaputt gemacht hast, du brauchst dich nicht auch noch dumm zu stellen. – *(Kurze Pause. Lea sieht sich im Zimmer um.)* – Ihr seid jetzt aber nicht in so 'ner Sekte, oder so was?

SOPHIE: Blödsinn, wir – versteck dich!

Lea kriecht unters Bett, Sophie wirft sich aufs Bett, die Tür geht auf, Inge schaut rein; mitfühlend, aber skeptisch.

INGE: Aha.

SOPHIE: Was heißt aha?

INGE: Wieso bist du nicht in der Schule?

SOPHIE: Ich hab Kopfschmerzen.

INGE: Aha.

SOPHIE: Was heißt aha?

INGE: Tischdecken ist wahrscheinlich zu schwer, bei Kopfschmerzen, hm?

SOPHIE: Ja.

INGE: Und was ist mit dem Dienst heute Nachmittag?

SOPHIE: Bis dahin werden sie schon wieder weg sein.

INGE: Aha.

SOPHIE: Hör mit dem aha auf!

INGE: „Schwaben. Seine Art und geschichtliche Entwicklung".

SOPHIE: Ja-ha.

INGE: „Dichter, Helden, Heimatlieder."

SOPHIE: So werd ich die Kopfschmerzen nie los.

INGE: Na schön.

Sie geht. Lea kommt unter dem Bett hervor. Sie schaut Sophie ernst an.

LEA: Sag mal – was hast du vorhin gesagt, wie die Olgastraße heißt?

SOPHIE: Adolf-Hitler-Ring.

LEA: Welches Datum ist heute?

SOPHIE: Der 16. September.

LEA: Ja, stimmt – aber welches – Jahr?

SOPHIE: Du bist witzig. 1935.

LEA: Was?

Sie schwankt, Sophie legt sie aufs Bett.

SOPHIE: Du hast wirklich ganz schön was abgekriegt, hm? *(fasst sich an den Kopf)* Ich merk nix – Holzkopf. *(Lea lächelt.)* Was dachtest du denn, welches Jahr wir haben?

LEA: Naja, 2020?

SOPHIE: Ha! – warte, da kommt wer –

Aber diesmal kann sich Lea nicht mehr unters Bett flüchten. Sie sitzt im Bett, die Tür geht auf und die Mutter kommt rein.

MUTTER: Sophiele, was ist – ach, du hast Besuch!

SOPHIE: Ja, Mama – das ist Lea.

MUTTER: Grüß dich, Lea.

LEA: Guten Tag.

MUTTER: Geht's dir nicht gut, Lea? Was ist los?

LEA: Ach, Sophie und ich –

SOPHIE: Wir hatten einen Unfall und Lea hat sich bös den Kopf angeschlagen.

MUTTER: Gut, dass du sie mitgebracht hast. Was für – ungewöhnliche Hosen du anhast, Lea.

LEA: Ja, ich –

SOPHIE: Ihr Rock war unglaublich dreckig, da hat ihr ein Junge aus ihrer Klasse seine Sporthose geliehen.

MUTTER: Aha. Ich wollte eigentlich schauen, ob du – ob ihr was essen wollt.

SOPHIE: Nein.

LEA: *(gleichzeitig)* Ja.

MUTTER: *(lächelt)* Na, gib ihr einen Rock und eine Bluse von dir, Sophie, und dann kommt.

Sie geht ab.

SOPHIE: Lea, ich helf dir gern, ich mein' – immerhin sind wir ja zusammengestoßen, aber müssen wir zum Essen?

LEA: Ich hab Hunger. Und bei mir kocht keiner. Was ist denn das Problem?

SOPHIE: Meine Familie.

8. Familie I

Es gibt nichts Schlimmeres als die Familie; in alles stecken sie die Nase rein! Warum, warum sind wir immer viele? Ich

möch - te ein - mal nur ich sel - ber sein.

1. x → T. 28 (Str. 1)
2. x → T. 44 (Str. 2)
3. x → T. 44 (Str. 3)
4. x → *Fine*

Strophe 1 (ohne Männerstimme)

Sopran: und spielt auch nicht __ im Spit - zen - sport, __

Alt: Mein Va - ter ist zwar kein Pro - fes - sor und

und hat in je - dem Fall das letz - te Wort. __

trotz - dem weiß er al - les bes - ser

Da capo
(Refrain)

Strophen 2 und 3 (ohne Männerstimme)

Sopran / Alt:

2. Ich liebe meine ältere Schwester, sie ist so mustergültig, fleißig, nett, aber ihr Arbeitsfimmel, mei, mich stresst er, ich liege lieber auch mal lang im Bett.

3. Natürlich brauch ich meine Mutter, sie ist das Herz von unserm warmen Nest, aber bei aller Liebe, allem Futter, hält sie mich manchmal einfach zu sehr fest.

Da capo (Refrain)

9. Mittagessen (Szene)

Das Esszimmer der Familie. An der Wand hängt ein kleines Hitlerporträt. Lea und Sophie sind schon da. Lea trägt jetzt BDM-Kluft wie Sophie. Die Mutter trägt einen großen Topf Suppe auf, dem Lea begeistert nachschnuppert.

LEA: Das riecht aber super.

MUTTER: *(lacht)* Super? Lustiges Wort. Na, das ist einfach nur Linseneintopf. *(Sie füllt auf.)*

LEA: Aber selbstgemacht.

MUTTER: Ich habe früher als Diakonissin gearbeitet, da hab ich Kochen gelernt. Und die Krankenpflege – wie geht's dem Kopf?

LEA: Schon besser.

Inge tritt auf. Sie ist sehr erstaunt, Lea zu sehen.

SOPHIE: Äh, Inge, das ist Lea, eine Schulfreundin.

INGE: Hallo Lea. Freut mich.

Die vier sitzen um den Tisch, Lea löffelt munter drauf los, bemerkt dann aber, dass die anderen noch warten. Sie schluckt und legt vorsichtig ihren Löffel hin.

INGE: *(mustert sie neugierig)* Und? Bei welcher Schar bist du?

LEA: Schar? Was denn für 'ne Schar?

INGE: Na, du bist doch beim BDM, oder nicht?

LEA: Nein.

SOPHIE: *(gleichzeitig)* Na klar ist sie beim BDM – sie ist vor kurzem erst aus Berlin hergezogen, deshalb wollt ich sie heute Nachmittag mal in meine Schar – *(zu Lea)* meine Gruppe – mitnehmen.

INGE: Ach, Sophie, bitte, du kannst echt nicht einfach machen, was du willst. Du weißt genau, dass jede ihrer Schar zugeteilt wird. – Wo wohnst du denn, Lea?

LEA: In der Steingasse.

INGE: Tja, dann kommst du zu –

Der Vater kommt herein. Er stutzt.

SOPHIE: Das ist die Lea, eine Schulfreundin.

VATER: Grüß Gott, Lea.

Wie nebenbei nimmt er das Hitlerporträt von der Wand und legt es in eine Schublade. Inge ist auf hundertachtzig, sagt aber nichts. Der Vater setzt sich. Sie steht auf, nimmt das Porträt aus der Schublade, hängt es wieder an die Wand, setzt sich.

INGE: Wenn das der Hans wüsste.

LEA: Wieso Hans? Der heißt doch Adolf?

SOPHIE: Hans ist mein großer Bruder, das Bild gehört ihm.

Der Vater schickt sich an, wieder aufzustehen, aber die Mutter legt ihm die Hand auf den Arm.

MUTTER: Die Suppe wird kalt.

Lea nimmt erfreut den Löffel, muss aber feststellen, dass alle anderen die Hände gefaltet haben. Sie imitiert dies.

MUTTER: Aller Augen warten auf dich, Herr, und du gibst ihnen ihre Speise zur rechten Zeit. Du tust deine milde Hand auf und sättigest alles, was da lebet, mit Wohlgefallen.

ALLE (außer LEA): Amen.

Alle essen.

LEA: Das war schön, was ist das für ein Gedicht?

MUTTER: Gedicht? Ach, das Gebet. Das ist aus Psalm 145.

LEA: Sie sind sehr christlich, oder?

MUTTER: Na, das eine oder andere schwarze Schaf haben wir auch.

VATER: Es soll jeder nach seiner Façon selig werden.

INGE: Und warum hängst du dann das Bild vom Führer ab?

VATER: Weil's mir den Appetit verdirbt, wenn der mir beim Essen zuguckt.

INGE: Das ist so typisch. Wenn der Hans nicht da ist –

VATER: Inge, jeder darf seine eigenen Fehler machen. Hans seine, ich meine, du deine. Aber der Mann ist eine Gottesgeißel.

INGE: Der Führer ist ein Segen für unser Land.

VATER: Für den Segen ist er, glaub ich, noch nicht zuständig, oder ist er jetzt auch noch Papst?

SOPHIE: Papa!

MUTTER: *(ruhig)* Robert, lass die Kirche – im Dorf.

VATER: Pardon.

Kurze Pause.

INGE: Kann ich bitte gehen? Ich hab keinen Hunger mehr.

VATER: Sicher.

INGE: Sophie, dann nimm halt die Lea mit zum Dienst. Aber halt dich ans vorgeschriebene Thema: „Schwaben ...

SOPHIE: ... seine Art und geschichtliche Entwicklung." Zu Befehl, Mädelführerin.

Inge geht ab.

LEA: Was ist denn das für ein Dienst – Gottesdienst?

VATER: *(lacht)* Nein! *(ruft Inge hinterher)* Aber manche verwechseln ihn mit Gottesdienst.

SOPHIE: Na, BDM – Bund Deutscher Mädel – wir gehen zum Dienst, zum Treffen.

LEA: Ach so.

SOPHIE: Das ist toll, du wirst es sehen – ich bin die Scharführerin in Wiblingen.

LEA: Die Führerin von Wiblingen. Cool.

SOPHIE: Kuhl?

LEA: Kul-turell bestimmt interessant! – Gottesdienst hätte mich auch interessiert. Wir gehen nie in die Kirche.

VATER: Tja. Der Mensch lebt nicht vom Brot allein.

MUTTER: Magst du noch Suppe?

LEA: Gern. Die ist sehr lecker.

10. Familie II

Refrain
Munter ♩ = 88

Es gibt nichts Bes-se-res ___ als die Fa-mi-li-e; ___ ich le-be im-mer fa-mi-lien-wärts. Sie ist der An-ker für die Ge-füh-le, für har-ten Geist und wei-ches Herz.

1. x → T. 17 (Str. 1)
2. x → T. 26 (Str. 2)
3. x → T. 26 (Str. 3)
4. x → *Fine*

Strophe 1

Sopran+Alt unis. *mf*
1. Mein Vater lehrte mich aufrecht gehen und zu vertrauen meinem Verstand, mit klarem Blick die Welt zu sehen und seine Liebe zum Vaterland.

p Männerstimme
u — u

Da capo (Refrain)

Strophen 2 und 3

S+A *mf*
2. Mit meinen Brüdern kann ich fliegen durch Bücherwelten-fantasien, am freien Lagerfeuer liegen und durch die Frühlingswälder ziehn.
3. Sie steht am Anfang wie am Ende, die Mutter, die uns liebt und hält in ihren sanften guten Händen, wie Gott die ganze weite Welt.

Da capo (Refrain)

11. Im Dienst (Szene)

Sophie hat Lea auf dem Fahrrad mit nach Wiblingen genommen. Sie sind als erste im Gruppenraum, der sich nach und nach mit Mädchen zwischen zehn und fünfzehn Jahren füllt (dem weiblichen Teil des Chors).

LEA: *(streckt ihre Hände vor)* Hier! Die sind blau!

SOPHIE: Die sind nicht blau.

LEA: Du hast wenigstens getrampelt, meine Beine sind total blau gefroren, auf dem Gepäckträger.

Rosi tritt auf und strahlt Sophie an.

ROSI: Hallo!

SOPHIE: Zieht ihr keine Röcke an, wo du herkommst? – *(zu Rosi)* Hallo.

LEA: Doch, wenn's warm ist.

SOPHIE: Das ist nur ein bisschen Nebel, da draußen, kein Schnee!

ROSI: Du, Sophie –

SOPHIE: *(zu Lea)* Du bist ganz schön verwöhnt! – Nachher, gell, Rosi?

Rosi ist enttäuscht und eifersüchtig auf Lea. Sophie wendet sich an die Gruppe, die mittlerweile vollzählig ist.

SOPHIE: Gruppe?

CHOR: Heil H-

SOPHIE: Ja, ist schon recht. Das ist die Lea – aus Berlin, die ist heute zu Gast bei uns. Macht mir keine Schande! Durchzählen!

Es wird durchgezählt, Lea kapiert nicht gleich und zählt falsch, aber irgendwann:

SOPHIE: Gut. Der Wochenspruch lautet – *(sie sucht in ihren Unterlagen)* lautet – gut, das ist der Spruch von vor zwei Wochen, aber den holen wir jetzt nach: „Wir Jungen kennen nur dies eine:" – da kann ich jetzt meine Schrift nicht lesen – „und uns eine neue Heimat schmieden wird." Genau. Heimat. Das ist unser Thema heute, nämlich „Schwaben ...

CHOR: ... seine Art und geschichtliche Entwicklung. Dichter, Helden, Heimatlieder."

LEA: Macht ihr das öfters?

SOPHIE: Naja, wir kommen immer nicht so weit. – Also *(sie liest vor)*: „Das historische Herzogtum Schwaben war eines der fünf Stammesherzogtümer im ostfränkischen Reich. Es erstreckte sich über ein weit größeres Gebiet als das heutige ‚Schwaben', nämlich vom Ammersee im Osten bis zu den Vogesen im Westen, vom Gotthardpass im Süden bis zum Nördlinger Ries."

LEA: Klingt wie Wikipedia.

ROSI: Wie wer?

LEA: Wie – 'ne Freundin von mir.

SOPHIE: *(überfliegt den Vortrag)* Der schwäbische Charakter – Treue, Fleiß und –

LEA: Sparsamkeit?

SOPHIE: *(lacht)* Ich glaub, wir sparen uns den Rest vom Vortrag.

ROSI: Aber die Inge hat doch gesagt –

SOPHIE: Ja, die Inge – Wie wär's, wir singen einfach noch ein schwäbisches Volkslied? Das ist ja auch Heimatkunde.

CHOR: Ja!

SOPHIE: „I hab a schön's Häusle." *(gibt den Einsatz)* Eins, zwei –

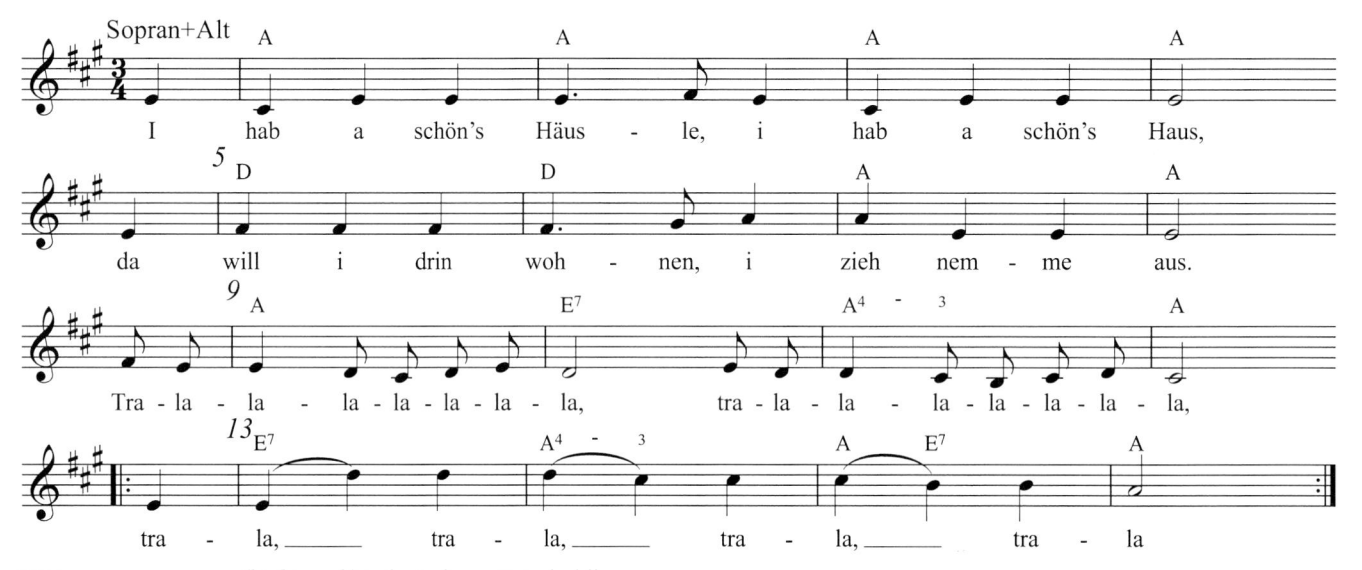

[Noten: Sopran+Alt, 3/4-Takt]

I hab a schön's Häus-le, i hab a schön's Haus,
da will i drin woh-nen, i zieh nem-me aus.
Tra-la-la-la-la-la-la-la, tra-la-la-la-la-la-la-la,
tra-la, tra-la, tra-la, tra-la

LEA: *(hinkt nach)* trala, trala. ... Entschuldigung.

Alle lachen. Außer Rosi.

LEA: Da kommt doch kein Mensch mit.

SOPHIE: Kommt, das reicht jetzt mit Schwaben. Wir gehen runter zur Iller.

ALLE *(außer Rosi)*: Jaaa!

Alle außer Rosi gehen in die eine Richtung ab, Rosi schaut ihnen nach und geht dann in die andere Richtung.

---

* Dieses Lied wurde wirklich von Sophie und ihren Jungmädeln gesungen. Wer will, kann es natürlich ersetzen, z.B. durch „Muss i denn".

12. Junge Herzen I

Einfach ♩ = 98

Klavier

3 Strophen

Sopran+Alt

1. Her-zen po-chen wil-der, frei-er – kei-ner fühlt sich so wie ich!
2. In den Au-gen tan-zen Fra-gen – kei-ner kann mich je ver-stehn!
3. Hän-de su-chen tas-tend Nä-he – kei-ner, der mich je be-rührt!

Männerstimme ad lib.

1. Her-zen po-chen wil-der, frei-er – kei-ner fühlt sich so wie ich!
2. In den Au-gen tan-zen Fra-gen – kei-ner kann mich je ver-stehn!
3. Hän-de su-chen tas-tend Nä-he – kei-ner, der mich je be-rührt!

In der Ju-gend brennt ein Feu-er, und es brennt meist un-glück-lich.
Wie die See-len Flam-men schla-gen, die dann sehn-suchts-voll ver-gehn.
Wie die Glut, vor der ich ste-he, See-len zu-ei-nan-der führt.

13. Am Lagerfeuer (Szene)

Am Illerufer haben die Mädchen ein Lagerfeuer entzündet. Hier ist Sophie – anders als beim Vortrag vorhin – ganz in ihrem Element.

LEA: Das war ein schönes Lied.

SOPHIE: Das ist – naja, offiziell dürften wir das nicht singen. Ist aus dem Liederbuch von Hans.

LEA: Von deinem großen Bruder?

SOPHIE: Ja. – Heut Abend kommt er wieder, er war auf dem Parteitag, in Nürnberg. Der wird was zu erzählen haben.

LEA: Und wieso hat er dann ein Lied in seinem Liederbuch, das man eigentlich nicht singen darf?

SOPHIE: Naja, früher durfte man in den freien Jugendgruppen halt singen, was man wollte, und er ist jedes Wochenende losgezogen mit seinen Jungs – mit Wandern, Zelten, Lagerfeuer.

LEA: Aber das macht ihr doch auch.

SOPHIE: Schon, aber das war halt frei. In der Hitlerjugend müssen wir ständig Kriegsspiele machen. Und diese „weltanschauliche Schulung," weißt du? Heimat, Blut, Boden, Rasse, dieses ganze Zeug. Die Inge ist auch meine Vorgesetzte, und die ist da ganz wild drauf.

LEA: „Zu Befehl, Mädelführerin."

SOPHIE: Genau. Aber das hier – am Lagerfeuer – das finde ich eigentlich gut. Dass wir Mädchen das auch machen, nicht nur die Jungs! Und dann singen wir und lesen Gedichte. –

LEA: Was für Gedichte?

SOPHIE: Kennst du Rilke?

LEA: Nein.

SOPHIE: Hör zu. *(sie zieht einen Gedichtband hervor.)* Das ist jetzt kein Gedicht von ihm, aber – wie ein Gedicht: „Die Weise von Liebe und Tod des Cornets Christoph Rilke.* – Reiten, reiten, reiten, durch den Tag, durch die Nacht, durch den Tag. Reiten, reiten, reiten. Und der Mut ist so müde geworden und die Sehnsucht so groß. Es gibt keine Berge mehr, kaum einen Baum. Nichts wagt aufzustehen. Fremde Hütten hocken durstig an versumpften Brunnen ..."

Sie liest immer leiser. Der Chor singt das Feuerlied weiter.

---

* Der genannte Titel ist eine Erzählung von Rainer Maria Rilke, geschrieben 1899, die bei der Gruppe um Sophie Scholl sehr beliebt war, weil darin ihr Fernweh und Freiheitsstreben sehr gut zum Ausdruck kommt. Ein Cornet (oder Kornett) war im 17./18. Jahrhundert ein Offizier der Kavallerie.

14. Junge Herzen II

1. wach - sen Wor - te — kei - ner, dem die See - le schweigt,
2. strö - men Lie - der — kei - ner, dem das Herz nicht singt,
3. brau - chen Feu - er — kei - nen lässt die Flam - me kalt,

Wdh. nur bei 3. Str.

1. wenn der Vers vor un - serm Or - te glän - zend zu den Ster - nen steigt.
2. wie der Fun - ke auf und nie - der sprü - hend aus dem Feu - er dringt.
3. ⌐hier im Kreis fühlst du dich neu - er,⌐
   ⌐eins mit al - len — al - len treu - er,⌐ wer das nicht mehr spürt, ist alt.

1. + 2. x dal 𝄋

15. Showdown (Szene)

Die Idylle wird jäh unterbrochen. Inge, gefolgt von Rosi, tritt auf.

INGE: Also doch.

ROSI: Ich hab's ja gesagt. Und wir haben gar keine Rassenkunde gemacht.

Sophie und die anderen Jungmädel stehen auf.

SOPHIE: Inge –

INGE: Ich will nichts hören. *(zur Gruppe)* Jungmädel!

CHOR: Jawohl.

INGE: Der Dienst ist beendet. Marsch nach Hause.

CHOR: Zu Befehl, Mädelführerin.

Der Chor verkrümelt sich, Rosi will auch gehen.

SOPHIE: Rosi, bleib ruhig da.

INGE: Wieso?

SOPHIE: Sie hat es verdient, sich die Standpauke anzuhören, die du mir jetzt hältst. Wenn sie sich extra die Mühe macht, dich herzuholen.

INGE: Und das war auch gut so! Sophie! Du bist nicht irgendein dummes Madel, das es nicht besser weiß. Du bist meine Schwester!

SOPHIE: Jawohl.

INGE: Du musst doppelt so gewissenhaft sein wie alle anderen! Sonst heißt es, ich bevorzuge dich.

SOPHIE: Jawohl.

INGE: Und warum lässt du dann immer und immer wieder die weltanschauliche Schulung schleifen?

SOPHIE: Weil das nur Gerede ist.

INGE: Gerede?

SOPHIE: Darum geht's doch eigentlich gar nicht, oder? Es geht doch darum, dass wir eine Gruppe sind, dass wir uns helfen, dass wir *(mit Blick auf Rosi)* zusammenhalten.

INGE: Nein. Es geht um die Sache, ums Ganze, Sophie. Es geht um Deutschland. – Wenn du so schlampig mit deiner Gruppe umgehst, dann bist du die längste Zeit Scharführerin gewesen.

SOPHIE: Du willst mir meine Gruppe wegnehmen?

INGE: Nein. Das will ich nicht. Du zwingst mich dazu.

SOPHIE: Dann frag sie mal, meine Mädels. Ob sie schon mal eine bessere Scharführerin gehabt haben. Eine, mit der sie mehr erlebt haben, die ihnen mehr gezeigt hat, im Wald, auf der Fahrt – mit der sie mehr gesungen und mehr gelacht haben als mit mir.

ROSI: Nein.

INGE: Du weißt genau, dass das nicht der Geist der Bewegung ist. Es geht nicht um dich und es geht nicht um mich. Es geht darum, was das Beste ist für die Volksgemeinschaft. Wir müssen uns alle unterordnen, jeder an seiner Stelle, und unsere heilige Pflicht –

SOPHIE: Heilige Pflicht? Na, da frag mal Hans, was er davon hält.

INGE: *(erregt)* Hans hat das verstanden! Er hat verstanden, dass das wilde Leben mit seinen Jungen vorbei ist, und dass jetzt Ordnung herrscht. Du bist nichts, dein Volk ist alles!

Hans tritt plötzlich in den Feuerschein.

HANS: Was hab ich?

SOPHIE: *(glücklich)* Hans! Wo kommst du denn her? *(Sie umarmt ihn.)*

HANS: Na, wenn die halbe Familie einen Ausflug macht – hallo Rosi. *(Er wendet sich an Lea.)* Und du bist?

LEA: Lea. Ich bin –

SOPHIE: Eine Schulfreundin.

INGE: Hans. Sag der Sophie, dass sie als Scharführerin Vorbild sein muss.

Hans setzt sich ans Feuer.

SOPHIE:	Weißt du noch, was unser Diensteid ist, Inge? „Zu gerade, um Streber oder Duckmäuser zu sein, zu ehrlich, um zu schmeicheln, zu trotzig, um feige zu sein." – Und dieses ganze Rassenzeugs ist Blödsinn.

Hans lacht, Inge ist empört.

INGE:	So, jetzt reicht's. Du bist deines Amts enthoben.
HANS:	Sophie! Inge. – Ihr wollt doch sicher wissen, wie es in Nürnberg war, oder?
INGE:	Das hat doch damit nichts –
HANS:	Doch, doch, kommt, setzt euch. Hört zu. *(zu Lea)* Ich war auserwählt, weißt du, einer von drei Fahnenträgern der Ulmer Hitlerjugend beim Reichsparteitag. Was für eine Ehre – die andern haben mich alle beneidet. Und da stand ich dann, mit meiner Fahne. Unter Zehntausend andern. Stundenlang Märsche, Reden, Stillgestanden.
INGE:	Und hast du –
HANS:	Ich hab alles gesehen und alles gehört. Fünf Tage. Jeden Tag, stundenlang. Da hat man viel Zeit zum Nachdenken. Und weißt du, was mir die ganze Zeit nicht aus dem Kopf ging? – „Du bist nichts, dein Volk ist alles."
INGE:	Hans –
HANS:	„Du bist nichts, dein Volk ist alles." – Ist doch komisch, oder? Ich finde mich eigentlich gar nicht so egoistisch.
SOPHIE:	Eitel.
HANS:	Ja, schön, vielleicht ein bisschen eingebildet. Geht andern auch so. Aber für meine Jungs würd ich alles tun.
SOPHIE:	Und ich für meine Mädels.
HANS:	Natürlich würdest du das! Aber nicht, weil du nichts bist, sondern weil du du bist.
SOPHIE:	Genau! Weil ich genau weiß, was ich gut kann, und was schlecht, und was Gerede ist, und was zählt.
HANS:	Und weil du es hier fühlst, wenn ihr am Lagerfeuer zusammensitzt und ein Lied zusammen singt –
INGE:	*(schreit)* Schluss! Es reicht jetzt! Alle beide! Ihr macht alles kaputt! *(zu Hans)* Ich weiß nicht, was mit dir in Nürnberg passiert ist, aber dass du so unverantwortlich bist, hätte ich nicht gedacht. *(zu Sophie)* Und wir sprechen uns morgen, wenn dieses Mädchen hier wieder weg ist – denn irgendwas stimmt hier ganz und gar nicht. *(zu Lea)* Wie heißt du mit Nachnamen?
LEA:	Stern, wieso?
INGE:	Damit ich deine Eltern – Stern? Lea Stern?
LEA:	Ja.

Inge ist plötzlich wie ausgewechselt. Sie fragt sehr behutsam und ernsthaft besorgt, so als ob Lea vielleicht eine schwere Krankheit hätte.

INGE:	Bist du eine Jüdin?
LEA:	Jüdin? – Nein. Also keine Ahnung – wir sind nicht religiös.

Der Zweifel bleibt.

INGE:	Rosi, ich bring dich jetzt heim und wir unterhalten uns ein bisschen übers Zusammenhalten, gell? *(zu Hans und Sophie)* Und ihr kümmert euch um Lea.

Sie geht ab.

LEA:	Was hat sie denn auf einmal?
HANS:	Ach, Inge ist – Inge. Kommt, wir gehen auch heim!

16. Traue ihnen nicht

Strophen 1–4

1. Wenn sie neu-e Re-geln ma-chen, dass sie hei-lig ist, die Pflicht;
2. Wenn sie nur noch Fein-de se-hen und die Freund-schaft dran zer-bricht;
3. Wenn sie Men-schen aus-sor-tie-ren we-gen Far-be, Gott, Ge-sicht;
4. Wenn sie nur noch Mas-sen zäh-len, du al-lein hast kein Ge-wicht;

1. wenn ver-bo-ten ist zu la-chen –
2. wenn mar-schiert wird statt zu ge-hen –
3. wenn die See-len tief-ge-frie-ren –
4. wenn sich kei-ner traut zu wäh-len –

trau-e ih-nen nicht!

Strophe 5

5. Wenn der Nebel sich verdichtet und nur Grau auf Grau sich schichtet, bis die bunte Welt vernichtet und man keine Liebe sichtet; wenn die Freiheit lieber flüchtet, weil ihr Galgen schon errichtet und dem keiner widerspricht – traue ihnen nicht!

17. Heimkehr (Szene)

Hans, Sophie und Lea laufen lachend herein. Es ist der gleiche Ort wie in der ersten Szene.

LEA: Und hier ist die große Karambolage passiert.
HANS: Ach ja?
SOPHIE: Ich wollte zur Schule.
LEA: Ich auch.
SOPHIE: Und war ein bisschen knapp dran. Und ich hab kurz nicht geschaut –
LEA: Und bäng! – Und mein Handy ist runtergefallen.
HANS: Händi?
SOPHIE: Ja, was ist jetzt eigentlich mit diesem mysteriösen Ding?
LEA: Wahnsinn, ich hab den ganzen Tag nicht an mein Handy gedacht. *(sie lacht)* Warte – ich zeig es euch – aber – wo hast du es hingeworfen?

Sie suchen im Blumenbeet.

SOPHIE: Hier muss es irgendwo sein – ach schau mal, wie schön die Blumen noch sind –

Sie pflückt eine. Sie wendet sich zu Lea und reicht ihr die Blume, gerade in dem Augenblick, als diese sich bückt, um ihr Handy aufzuheben.

SOPHIE: Hier, für dich, Lea –
LEA: *(gleichzeitig)* Ich hab's!

Zusammenstoß.

LEA und SOPHIE: Aua!

Lea geht zu Boden. Ihr Handy fliegt ihr aus der Hand und schlittert übers Pflaster. Für einen Augenblick wird ihr schwarz vor Augen, dann schüttelt sie sich. Der Chor bildet – ähnlich wie nach dem ersten Crash – einen Halbkreis um sie herum. Aber im Gegensatz zu vorher bieten jetzt Passanten Lea Hilfe an.

PASSANT 1: Hast du dir wehgetan?
LEA: Ja – Sophie?
PASSANT 1: Du warst doch allein unterwegs.
LEA: Nein, ich – Sophie? Hans?
PASSANT 2: *(zückt sein Handy)* Soll ich einen Notarzt rufen?
LEA: Nein, es ist nicht so – einen Notarzt rufen? Mit dem Handy?
PASSANT 2: Wie denn sonst?

Lea umarmt ihn stürmisch.

LEA: Mit dem Handy! Wie denn sonst? – Wo ist mein Handy?

Sie findet es.

LEA: Es lebt! *(sie wendet sich an die Passanten)* Dankeschön, aber es geht mir gut!
PASSANT 1: Sicher?
LEA: Es ging mir nie besser.

Die Passanten zerstreuen sich. Nachrichten piepsen auf dem Handy bei ihr ein.

LEA: *(liest eine Nachricht)* Oh, von Rosi: „Tut mir leid wegen vorhin, ich war nur sauer – natürlich kannst du mitkommen zum Shoppen heute Nachmittag." – Shoppen mit Rosi? Ich weiß nicht.

Lea bemerkt plötzlich, dass sie in der anderen Hand noch etwas hält, nämlich die Blume, die Sophie ihr gegeben hat.

LEA: Die Blume. Eine weiße Rose. Komisch, dass die in dem Septembernebel noch blüht. – Danke, Sophie. – Sophie und Hans. Moment mal, Sophie und Hans? Dann ist Sophie – Sophie Scholl!

18. Mutig sein (Finale)

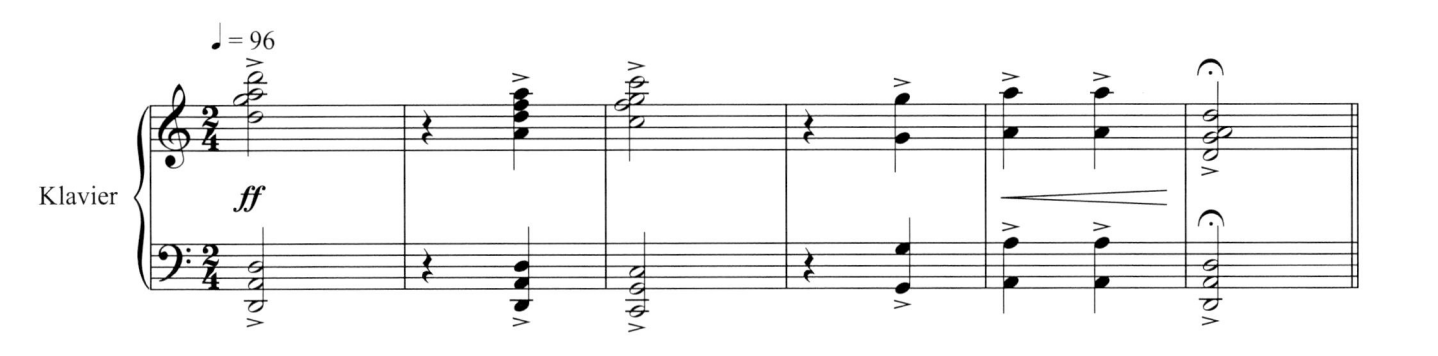

♩ = 96

Klavier — ff

Con moto

Sopran + Alt

Männerstimme ad lib.

Was uns eins macht, uns ver-bin-det: nicht die U-ni-form.

Was uns eins macht, uns ver-bin-det: nicht die U-ni-form.

32

38
Rhythmisch
f
wenn du ei - ne Num - mer bist. Sich
44
nicht zu ver - lie - ren und treu sich zu blei - ben. Statt Geld zu ad - die - ren, Ge -
50
ff
dich - te zu schrei - ben. Mit laut - star - ken Lie - dern für Frei - heit zu strei - ten,

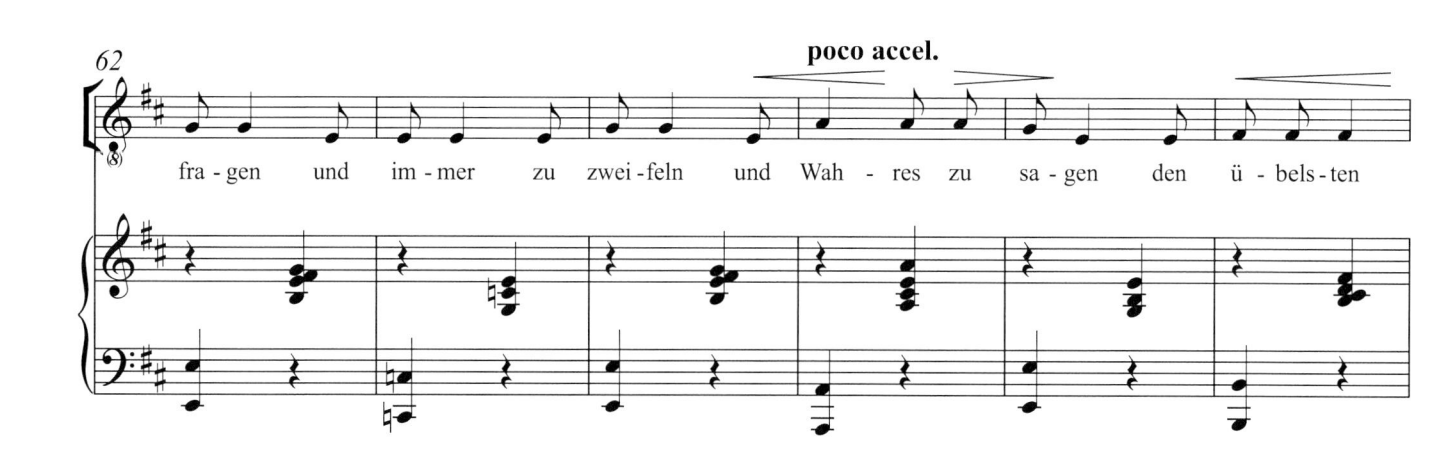

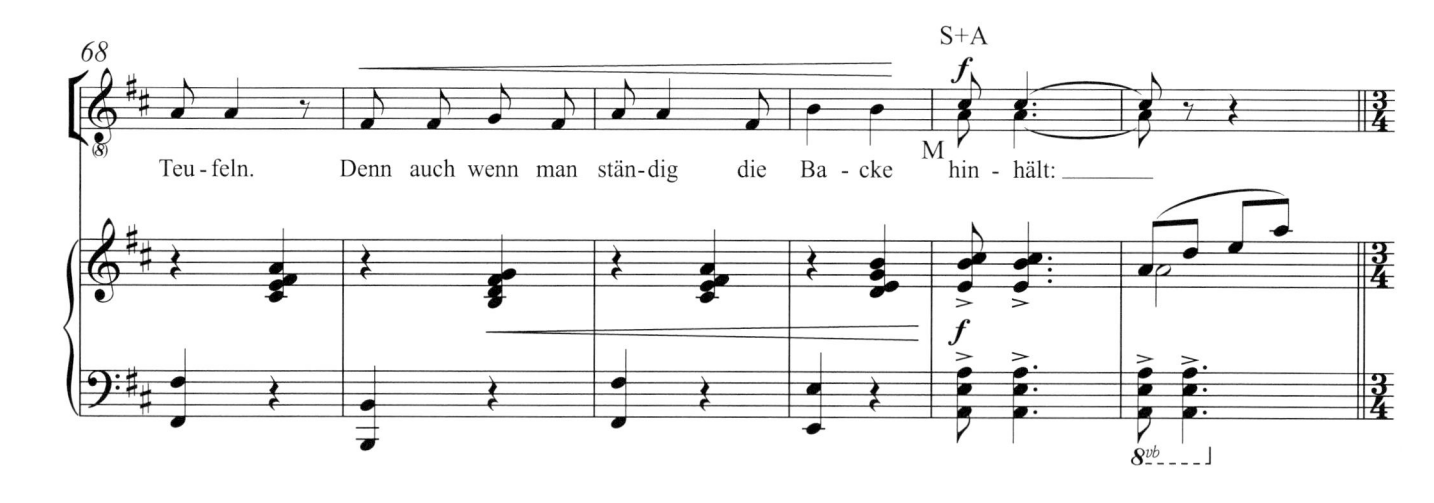

Etwas langsamer ♩ = 84

S+A+M unis. *mf espressivo*

auch wenn wir uns wie-der Prob-le-me be-rei-ten. Und kri-tisch zu

poco accel.

fra-gen und im-mer zu zwei-feln und Wah-res zu sa-gen den ü-bels-ten

S+A *f*

Teu-feln. Denn auch wenn man stän-dig die Ba-cke M hin-hält:

♩ = 88

Alt *mf*

Man bleibt nur le-ben-dig, man bleibt nur le-ben-dig und bleibt nicht al-lein, und bleibt nicht al-lein, _____ wenn man so mu-tig ist, so mu-tig ist, frei zu sein.

Sopran *f*
Man bleibt nur le-ben-dig und bleibt nicht al-lein,

Alt *f*
Man bleibt nur le-ben-dig, man bleibt nur le-ben-dig und bleibt nicht al-lein, und bleibt nicht al-lein,

Männerstimme *f*
Man bleibt nur le-ben-dig und bleibt nicht al-lein,

wenn man so mu-tig ist, frei zu sein, frei zu sein.

wenn man so mu-tig ist, so mu-tig ist, frei zu sein, frei zu sein, frei zu sein, frei zu sein.

wenn man so mu-tig ist, _____ frei _____ zu sein, frei zu sein.

Werke für Kinder- und Jugendchor (Auswahl) — Carus

Musicals

Bender/Bredenbach: Unterwegs mit David	12.245
Bohm/Timm: Krach bei Bach	12.423
- Nachhall	12.578
- Schneewittchen	12.582
Bund: Der kleine Prinz	12.442
Bund: Und nachts die Freiheit	12.443
Butz: Das Gold der Inkas	12.021
Dulski: „Jetzt reicht's!" sprach Gott. Noah und die Sintflut	12.430
Führe: Der Elemaushund. 3 Theaterstücke mit Musik	12.427
- Gilgamesh	12.426
Gracie/Werner: Der kleine Elefant	12.898
Gschwandtner: Joseph und seine Brüder	12.243
Herrmann: Die Freude dieser Zeit. Ein Weihnachtsmusical	12.446
Holdstock/Werner: Tod dem Minotaurus	12.899
Høybye: Kindermusical mit Ludwig van Beethoven	12.447
Kalz: Rock 'n' Robo	12.441
Kay/Werner: Die berühmte Reise des Christoph Kolumbus	12.896
König/te Reh: Die Zauberharfe	12.003
- Immanuel – Immanuel	12.005
- La Piccola Banda	12.007
- London Dreams	12.012
- Ngoma-Bär	12.006
- Magic Drum	12.004
- Mondscheinserenade	12.011
- MO(t)Z und ART(i)	12.002
- Sammy	12.008
Munzer-Dorn: Zündfunken	12.342
Neumann: Das Wilde Pack	
Riegler: Es ist vollbracht. Musical zur Passionsgeschichte	12.244
- Israel in Ägypten	12.240
- König David	12.241
- Wir zeigen Gesicht	12.242
Rolf/Werner: Giant Finn	12.897
Röttger: Das versteht doch kein Schaf	12.445
Schindler:	
- Der blaue Planet	12.842
- Die drei ???® Kids. Musikdiebe	12.846
- Geisterstunde auf Schloss Eulenstein – Ein Grusical	12.810
- Großer Stern, was nun? – Ein Singspiel zur Weihnachtszeit	12.818
- Kleiner Stock, ganz groß – Ein Waldmusical	12.841
- König Keks – Eine süß-scharfe Musicaloper	12.820
- Max und die Käsebande – Ein Criminal	12.811
- Ochs und Esel wissen mehr. Ein tierisches Krippenspiel	12.840
- SCHOCKORANGE – Ein Rhythmical	12.834
- Weihnachten fällt aus – Ein Musical zur Weihnachtszeit	12.817
- Zirkus Furioso – Ein Zirkusmusical	12.826
Schmittberger: Emelie voll abgehoben	12.429
Weber: Der Freischütz	12.451

Kinderhits mit Witz

Schindler: Kinderhits mit Witz (22 Hefte)	12.808–12.838, 12.847

Songs für Kinder

Schindler: Die Käsebande	12.803
- Doktor Peter Silie	12.807
- Ein kleines Huhn fliegt um die Welt	12.802
- Höchste Eisenbahn	12.805
- In der Bar zum dicken Hund	12.804
- König Punimo	12.806
- Urwaldsong	12.801
Schindler/Mohr: Hans, mach Dampf – Kinderbuch mit CD	12.812
Schürch: The Ssssnake Hotel	12.351

Chorbücher

chorissimo! green – Chorbuch für die Grundschule	2.205
chorissimo! blue für gleiche Stimmen	2.204
chorissimo! orange – Chorbuch für die Schule	2.200
chorissimo! Movie	
- Bd. 1: Die Kinder des Monsieur Mathieu. Drei Arrangements für Schulchor (arr. Rainer Butz), SA	12.425
- Bd. 2: Der Hobbit. Drei Arrangements für Schulchor (arr. Enjott Schneider)	
SSA	12.433/50
SATB	12.433
- Bd. 3: Songs aus Disney-Filmen. Drei Arrangements für Schulchor (arr. Rainer Butz), SA	12.435
Freiburger Kinderchorbuch	12.075
Hodie Christus natus est, Heft 1	2.699
Mehr als Worte sagt ein Lied. Jugendchorbuch für gl. Stimmen	2.055
Mein Herz ist bereit. Lieder über Gott und die Welt für Kinder	12.095

Weltliche Kantaten und Singspiele

Bohm/Timm: Der Froschkönig. Operette	12.419
- Der Garten des Riesen	12.579
Bredenbach: Max & Moritz (Wilhelm Busch)	12.316
- Des Kaisers neue Kleider	12.318
Führe: Die Heinzelmännchen	9.516
- Don Quijote	12.428
- Gilgamesh	12.426
Gramß: Der Wassermann in der Mühle	12.424
- Ein Käse für den König	12.420
- Zirkus Hallodria	12.421
Hein: Prahlschnauz und Krumpelschnützchen	12.422
Kretzschmar: 9 weltliche Singspiele	12.416–12.418
Mayr: Mäuse in der Michaelskirche	12.249
Mozart/Nagora: Die Zauberflöte für Kinder	40.263
Rheinberger: Das Zauberwort op. 153. Singspiel	50.153
- Der arme Heinrich op. 37. Singspiel	50.037
Schindler: Großer Stern, was nun?	12.818
Schorr: Die Katze des Königs	12.895

Geistliche Kantaten und Singspiele

Bohm/Timm: Das Erntedankspiel	12.575
- Das Himmlische Hilfswerk	12.572
- Der große Himmel und der kleine Max	12.573
- Himmelsgeschenke	12.574
- Mein Herz und Ich	12.570
- O je, Bethlehem. Singspiel zu Weihnachten	12.571
Düsseldorfer Kantorenkonvent: Ich will das Morgenrot wecken – David wird König	12.250
Gohl: 26 Singspiele für den Gottesdienst	12.540–12.559
Graf: Il est né, le divin enfant	12.238
- Wachet auf, ruft uns die Stimme	12.239
Kretzschmar: 11 geistliche Singspiele	12.231–12.212
- Vier Weihnachtskonzerte	12.213
Nickel: Simon Petrus, Menschenfischer	12.253
Rothaupt: Im Jahre Null	12.254
- Herr, unser Herrscher (Ps 8)	12.591
Schweizer: Das vierfache Ackerfeld	12.534
- Erstanden ist der heilig Christ	12.533
- Psalm 100 „Schlagt froh in die Hände"	12.513
Skobowsky: Am Anfang schuf Gott Himmel und Erde	12.536

Sammlungen

Auf Gottes Wegen (Württ. Landeskinderchortag 2010)	12.252
Bohm: Für alle ist Christus geboren	12.576
- Komm in unsern Kinderchor	12.577
Bredenbach: Heiteres & Weiteres (Wilhelm Busch)	12.315
- Vom Wünschen & Zaubern	12.317
Buchenberg: Gulla, mille gullala bena	12.322
Butz: Gute-Laune-Kanons	12.902
Freuet euch der schönen Erde (Württ. Landeskinderchortag 2013)	12.256
Herzogenberg, E.: 24 Volkskinderlieder	12.327
Kinderlieder. Die schönsten deutschen Kinderlieder	2.402
Kinderlieder aus Deutschland und Europa	2.450
Kinderleicht. Ein Lieder-Bilderbuch (0–4 Jahre)	12.077
Knecht: Vier Lieder für Kinderchor	12.324
König/te Reh: Freundschaft mit Afrika	12.009
- Morgensternlieder	12.010
Kretzschmar: Die Schlange Serpentina	12.702
- Dunkel war's, der Mond schien helle	12.701
- Manntje, Manntje, timpe te	12.417
- Rambamburu	12.415
List: Moby Dick und Kissenschlacht (Kindergarten und Grundschule)	12.321
Nees: De zee is een orkest	12.323
Schanderl: Mambo Kaluje	9.901
- Wunderbar	9.902
Schürch: Was denkt die Maus am Donnerstag?	12.328
Singen verbindet! Europäische Kinderlieder	2.421
Swider: 12 polnische Weihnachtslieder	40.718
Weihnachtslieder für Kinder	2.404
Witte: Das Reisfeld. Lieder aus aller Welt	12.320
Züghart: Ringelnatz-Lieder	12.404

Lehr- und Nachschlagewerke

Böttger: taataa! Rhythmus lesen und hören	24.068
Schäuble: Auftritt!	24.020
Steiner: Rhythmisch-Musikalische Erziehung	25.301–25.304
Trüün: Komm, sing mit mir	24.021
- Sing Sang Song I. Praktische Stimmbildung für 4–8-jährige Kinder in 10 Geschichten	24.018
- Sing Sang Song II. Für 9–12-jährige Kinder (mit 2 CDs)	24.012
- Sing Sang Song – Workshop DVD	24.018/96
- Sing Sang Song III. Praktische Stimmbildung für Jugendliche	24.042
- Stück für Stück nach Bethlehem. Ein kommentiertes Singspielverzeichnis für die Weihnachtszeit	24.019